# Catequese Caminhando com Jesus
## I etapa de preparação à Eucaristia

**Dados Internacionais de Catalogação na Publicação (CIP)**
**(Câmara Brasileira do Livro, SP, Brasil)**

Igreja Católica. Paróquia Senhora Sant'Ana de Caetité
  Catequese Caminhando com Jesus : I etapa de preparação à Eucaristia / Paróquia
Senhora Sant'Ana de Caetité, Rosângela Alves de Aguiar. 2. ed. – Petrópolis, RJ : Vozes,
2014. – (Caminhando com Jesus)

  Bibliografia.

  6ª reimpressão, 2024.

  ISBN 978-85-326-4470-1

  1. Catequese – Igreja Católica – Estudo e ensino  2. Eucaristia – Ensino bíblico
I. Aguiar Rosângela Alves de.  II. Título.  III. Série.

12-13286                                                                                          CDD-268.61

Índices para catálogo sistemático:
1. Catequese: Textos e manuais: Instrução religiosa   268.61

Paróquia Senhora Sant'Ana de Caetité
Rosângela Alves de Aguiar

# Catequese Caminhando com Jesus
I etapa de preparação à Eucaristia

EDITORA
VOZES

Petrópolis

© 2013, Editora Vozes Ltda.
Rua Frei Luís, 100
25689-900 Petrópolis, RJ
www.vozes.com.br
Brasil

*Organização textual*: Maria Cecília M.N. Giovanella
*Editoração*: Maria da Conceição B. de Sousa
*Ilustração*: Daniel de Souza Gomes
*Projeto gráfico e diagramação*: Ana Maria Oleniki
*Capa*: Ana Maria Oleniki

ISBN 978-85-326-4470-1

Este livro foi composto e impresso pela Editora Vozes Ltda.

# Sumário

Apresentação ................................................................. 7

Quem sou eu? ............................................................... 8

I etapa de preparação à Eucaristia ............................ 9

    Uma palavra aos catequistas .............................. 9

    Uma palavra aos pais e/ou responsáveis ......... 10

Querido(a) catequizando(a) ..................................... 11

Encontro 1:  Amigos de Jesus ................................ 13

Encontro 2:  A Bíblia: Palavra de Deus ................. 16

Encontro 3:  Na obra da criação
somos colaboradores de Deus! ............. 19

Encontro 4:  A origem do mundo .......................... 23

Encontro 5:  Livres para escolher ......................... 26

Encontro 6:  O primeiro pecado: o homem
se afasta de Deus! ............................... 31

Encontro 7:  Deus cumpre a sua promessa .......... 34

Encontro 8:  A história de José! ............................ 37

Encontro 9:  Moisés: o libertador! ....................... 40

Encontro 10: Caminhos da vida:
os Dez Mandamentos ......................... 43

Encontro 11: Amar a Deus sobre todas as coisas .......... 46

Encontro 12: Não tomar seu Santo Nome em vão! ......... 48

Encontro 13: Guardar domingos e festas! ............ 50

Encontro 14: Honrar teu pai e tua mãe ................ 53

Encontro 15: Chamados por Deus a cuidar
da vida e viver o amor ........................ 55

Encontro 16: Os caminhos da vida: Não furtarás ......... 58

Encontro 17: Nos caminhos da vida: não levantar
falso testemunho ................................ 62

Encontro 18: Não desejar o que é do próximo ........... 65

Encontro 19: Não cobiçar as coisas alheias ............ 67

Encontro 20: Celebração: os Dez Mandamentos ........... 70

Orações ...................................................................... 73

Anexo: Rito de instituição do catecumenato
e entrega da Palavra ...................................... 74

Referências ................................................................ 76

A catequese é para nós o coração da Igreja. Sem ela a evangelização fica prejudicada. Pois é a forma organizada, processual e metódica de educar na fé. Ela deve ser educação permanente para a comunhão e participação na comunidade cristã.

A(o) catequista é quem instrui na Palavra de Deus o discípulo de Jesus, o catequizando. Todos somos catequizandos, pois precisamos ser instruídos na Palavra.

O padre é o primeiro catequista e, assim sendo, quero convocar a todos para ingressar num mutirão evangelizador, por meio de uma catequese adequada que promova adesão pessoal e comunitária a Jesus Cristo, pois

> ou educamos na fé, colocando as pessoas realmente em contato com Jesus Cristo e convidando-as para segui-lo, ou não cumpriremos nossa missão evangelizadora (DAp 287).

Tenham os encontros de catequese caráter de iniciação cristã, marcadamente bíblico, gradual, simbólico e celebrativo. Aos catequizandos não batizados ofereçam a oportunidade de, ao final da III etapa, receberem o batismo, precedido pelas celebrações dos ritos previstos de Eleição, Exorcismos e Entrega do Símbolo de Fé, adaptados a sua idade e com a participação dos colegas.

Meu coração exulta de alegria pela publicação dos três livros da Coleção *Catequese Caminhando com Jesus* para subsidiar catequistas e catequizandos da Eucaristia.

Costumo me referir aos catequistas como os operários da primeira hora e à catequese como o ministério mais difícil, contudo, mais gratificante. Aos catequistas desejo coragem, alegria, teimosia e perseverança. Nosso sincero agradecimento. Aos pais e catequizandos, nosso desejo de que façam bom uso do material, enriqueçam-se com outras fontes e junto com o conhecimento venha a vivência.

*Sant'Ana, modelo de educadora na fé, interceda a Jesus por nós.*

Pe. Osvaldino Alves Barbosa
Coordenador da Unidade Pastoral de Caetité

Apresentação

# Quem sou eu?

Meu nome: _____

Meu endereço: _____

_____

O dia em que nasci: _____

Cidade: _____ Estado: _____

Meus pais: _____ e _____

O dia em que recebi o batismo: _____

Meus padrinhos: _____ e _____

Meus irmãos: _____

_____

_____

O que mais gosto de fazer:

_____

_____

_____

Catequista(s) da turma:

_____

Horário dos encontros de catequese:

_____

_____

# I ETAPA DE PREPARAÇÃO À EUCARISTIA

## Uma palavra aos catequistas

Este volume da coleção Catequese Caminhando com Jesus visa contribuir na iniciação cristã dos catequizandos que estão se preparando para receber o Sacramento da Eucaristia. Apresenta uma proposta de formação inicial que servirá de fundamentação para a caminhada de fé por toda a sua vida.

Nesta I etapa recebemos os catequizandos na fase inicial. *Pretendemos trabalhar a dimensão do encontro com Deus, com os outros e consigo mesmos, para melhor conhecermos os ensinamentos da Bíblia.* Trata-se de uma catequese sistemática, com a apresentação de conteúdos bem-planejados, respeitando, é claro, o(a) catequista e sua sensibilidade, bem como a capacidade intelectiva dos catequizandos, para motivá-los a participar nas celebrações litúrgicas e conduzi-los à inserção na comunidade eclesial.

A seguir apresentamos algumas sugestões que poderão ser trabalhadas para dar brilhantismo maior aos encontros de catequese:

- Que o desenvolvimento dos encontros prime pela afetividade nos relacionamentos ao acolher e respeitar as ideias e opiniões dos catequizandos, ao ajudá-los a se sentirem membros do grupo.

- Que a catequese seja reconhecida como parte da vida dos catequizandos ao estar atenta às datas comemorativas, como aniversários e festas religiosas da comunidade, tornando-os importantes e significativos para os catequizandos.

- Que a interação catequese e família seja promovida por visitas coletivas às famílias dos catequizandos.

- Que os encontros sejam encantadores para enriquecer as propostas dos temas e textos do livro, propiciando aos catequizandos um ambiente que favoreça mais compreensão, experiências de oração, momentos de reflexão, atividades dinâmicas e lúdicas, organização de atividades especiais como passeio, visita a igrejas e instituições sociais, entrevistas com o padre e os agentes pastorais etc. Estas, entre outras possibilidades, contribuem para que possam perceber que a catequese é um trabalho orgânico na Igreja, que envolve muitas pessoas e grupos. O catequista não pode ser a única referência para o catequizando, mas é essencial para anunciar a Palavra de Deus e garantir uma parte do processo de educação da fé.

- Que o catequizando seja motivado a ler a Bíblia individualmente e em grupo durante os encontros e com a família. Para isso é importante criar círculos bíblicos mirins e incentivar os catequizandos a participarem deles.

- Que a prática da reflexão e meditação da Palavra de Deus seja aprofundada com a participação em retiros.

- Que se intensifique o aspecto orante da catequese, com momentos de espiritualidade bem-preparados. Explorar e enriquecer os momentos de oração propostos nos encontros.

- Que sempre que se faça necessário os temas sejam ampliados, em dois ou mais encontros, para ajudar os catequizandos a realizar o encontro pessoal com o Senhor.

## Uma palavra aos pais e/ou responsáveis

Cada família é convidada a participar da educação da fé dos catequizandos, seus filhos, para que pelo seu testemunho o anúncio dos valores do Evangelho, realizado nos encontros de catequese, tenha força em sua formação cristã.

Queridos pais e familiares, os catequistas contam com o seu acompanhamento e ajuda aos catequizandos, em seu cotidiano, para que possam viver aquilo que semanalmente é anunciado nos encontros de catequese. Para isso, sugere-se que leiam o conteúdo deste livro para ajudá-los a refletir em família sobre a sua vida de fé, a sua relação com Deus, consigo mesmo, com os outros e com a Igreja. Ainda, é importante, para a formação cristã dos catequizandos, seus filhos, que também participem dos momentos celebrativos da comunidade e dos encontros com a família que a catequese promove. Desse modo realiza-se a interação da catequese com a família, visando garantir que ao final da III etapa os catequizandos participem da Eucaristia, como a grande festa de comunhão com o Senhor e com a comunidade de fé.

# Querido(a) catequizando(a)

Que a paz de Jesus esteja com você!

Estamos iniciando a I etapa de sua preparação para a Eucaristia.

Nesta etapa vamos conhecer a Bíblia e um pouco da história da formação do povo de Deus. Para isso, este livro apresenta textos, citações bíblicas, atividades e momentos de oração, que ajudam a viver os ensinamentos de Deus para conquistar a felicidade e testemunhar os valores do Evangelho junto a sua família, aos amigos e na sociedade.

Aproveite este ano para entrar em sintonia com Deus Pai, e nosso irmão Jesus. Fale também com Maria, pedindo-lhe para ajudá-lo a ter um ano de crescimento no entendimento da Palavra de Deus.

Um forte abraço na paz de Jesus.

# AMIGOS DE JESUS

Você já imaginou como seria triste se não tivéssemos com quem falar, com quem brincar? Que bom termos amigos!!! Com eles podemos partilhar momentos especiais, como os que acontecerão em nossos encontros.

Converse com seu grupo e seu catequista:

⚙ O que significa ser amigo?

⚙ Quando posso dizer que uma pessoa é meu amigo ou minha amiga?

⚙ Quais são as atitudes que revelam a amizade?

Agora, depois de conversarem sobre o valor e importância da amizade, é preciso vivenciar o que sabem na convivência com o grupo de catequese.

Que tal se conhecer de uma forma diferente? Cada um dirá seu nome e uma qualidade que possui. Registre no espaço a seguir, começando pelo seu catequista.

| Nome | Qualidade | Nome | Qualidade |
|------|-----------|------|-----------|
|      |           |      |           |
|      |           |      |           |
|      |           |      |           |
|      |           |      |           |
|      |           |      |           |
|      |           |      |           |
|      |           |      |           |
|      |           |      |           |
|      |           |      |           |
|      |           |      |           |
|      |           |      |           |
|      |           |      |           |

Veja quantas qualidades apareceram! Os amigos se completam. Jesus já sabia disso, pois tinha muitos amigos. Alguns eram muito próximos dele, os discípulos. Eles o ajudaram em sua missão de anunciar o Reino de Deus de paz, amor, justiça e fraternidade. A eles Jesus ensinou a importância do acolhimento, ao mostrar o carinho que tinha pelas crianças, quando disse: "Deixai vir a mim as criancinhas, e não as impeçais" (Mt 19,14).

 **ATIVIDADES**

1. A partir do que foi conversado em nosso encontro, defina:

   ✳ Ser amigo é...

   _____

   _____

   ✳ Sou amigo quando...

   _____

   _____

2. Jesus é nosso amigo. O que gostaria de dizer para Ele? Coloque em palavras o que está em seu coração.

**Jesus meu amigo**

_____

_____

_____

_____

 **O ENCONTRO EM ORAÇÃO**

Jesus mostrou um carinho muito grande com as crianças quando disse: "Deixai vir a mim as criancinhas, e não as impeçais" (Mt 19,14).

Vamos agradecer:

✳ A Jesus por ser nosso amigo e nos amar. Cada um que desejar leia em voz alta o que escreveu na atividade 2.

✳ Pelos amigos que estão conosco em nosso dia a dia e que podemos contar em todos os momentos, dizendo: **Obrigado, Jesus** (oração espontânea)...

✳ Pela nossa turma de catequese e por nosso(a) catequista, pedindo a Jesus que nos mantenha unidos na mesma fé e em um só coração, dizendo: **Obrigado, Jesus** (oração espontânea)...

 **PARTILHANDO COM A FAMÍLIA**

Conte para sua família como foi o encontro de hoje, qual foi a qualidade que você revelou e quais são as qualidades presentes em seu grupo e, principalmente, comente o que disse o grande amigo Jesus sobre as crianças.

15

# 2 A BÍBLIA: PALAVRA DE DEUS

A presença de Jesus no meio de nós faz parte de uma longa história que envolveu muitas pessoas. Estas entenderam a vontade de Deus e sempre foram fiéis a Ele.

Tal história está na Bíblia, que é o livro que nos fala do amor de Deus. Vamos saber mais sobre ela?

Bíblia vem da palavra grega *biblion*, que significa "livro", "biblioteca" ou "coleção de livros". Também é chamada Palavra de Deus, Sagrada Escritura, Livro Sagrado ou Divina Revelação. Ela tem muitos livros, ao todo são 73!

Como é isso?!

É muito simples. A Bíblia foi escrita por muitas pessoas diferentes e em várias épocas. Está dividida em duas grandes partes: o Antigo e o Novo Testamentos.

**Antigo Testamento**

Tem 46 livros. Ele nos fala do tempo anterior ao nascimento de Jesus. Conta a história do povo de Israel, do povo de Deus. E quando lemos os livros do Antigo Testamento podemos entender como a vinda de nosso grande amigo Jesus foi sendo preparada.

**Novo Testamento**

Contém 27 livros escritos depois da vinda de Jesus. Toda sua vida, sua missão, seus ensinamentos foram contados pelos evangelistas Mateus, Marcos, Lucas e João e pelos apóstolos em cartas enviadas às primeiras comunidades cristãs.

⊚ Leia e comente o que este texto bíblico nos quer dizer: 2Tm 3,16.

 **ATIVIDADES**

1. Vimos como a Palavra de Deus é importante para nós. É por meio dela que Deus se comunica com seus filhos. Precisamos, então, aprender a conhecer melhor a Bíblia. Para isso vamos descobrir como localizar os textos.

   ✳ As citações bíblicas sempre são feitas desta maneira: Mt 5,9

   ✳ O nome do livro aparece abreviado: Mt

   ✳ O primeiro número refere-se ao capítulo: 5

   ✳ Após a vírgula indica-se o(s) versículo(s): 9

   ✳ Lemos assim: Livro de Mateus capítulo 5, versículo 9.

2. Procure na Bíblia, com a ajuda do seu catequista, e escreva no espaço indicado estas citações:

   ✳ Mt 5,9: _____

   _____

   _____

   ✳ Lc 3,6: _____

   _____

   _____

   ✳ Mc 12,30: _____

   _____

   _____

   ✳ Jo 15,12: _____

   _____

   _____

   _____

   _____

3. Encontre na Bíblia os livros indicados e identifique AT para os que pertencem ao Antigo Testamento e NT àqueles que pertencem ao Novo Testamento.

| | Lucas | | Gênesis | | Êxodo | | Mateus |
|---|---|---|---|---|---|---|---|
| | Isaías | | Salmos | | Juízes | | João |

## O ENCONTRO EM ORAÇÃO

Vamos, todos juntos, ler e meditar a oração que pode ser feita antes de ler a Bíblia.

*Meu Senhor e meu Pai! Envia teu Santo Espírito para que eu compreenda e acolha tua santa Palavra! Que eu te conheça e te faça conhecer, ame e te faça ser amado, sirva e te faça ser servido, louve e te faça ser louvado por todas as criaturas. Fazei, ó Pai, que pela leitura da Palavra os pecadores se convertam, os justos perseverem na graça, e assim todos consigam a vida eterna. Amém!*

Repetir em voz baixa várias vezes o versículo.

*Tua palavra é uma lâmpada para os meus passos e uma luz para os meus caminhos* (Sl 118,105).

Oremos

*Senhor Deus, que deixastes para nós este tesouro imenso que é a Bíblia, guie-nos pelos caminhos por ela descritos. Faça-nos obedientes aos teus ensinamentos e não nos deixes afastar de ti. Amém!*

 ## PARTILHANDO COM A FAMÍLIA

Fale à sua família o que você descobriu hoje sobre a Bíblia. Combine com ela para deixar o Santo Livro em um lugar de destaque em casa para que sempre se possa ler um texto bíblico e refletir juntos sobre ele.

# NA OBRA DA CRIAÇÃO SOMOS COLABORADORES DE DEUS!

3

Alguma vez você já parou para pensar na grandiosidade e na beleza deste universo? Já observou os pequenos detalhes que compõem a natureza e a faz tão perfeita e bonita? Pois é, tudo é criação de Deus. E tem mais: Ele nos criou à sua imagem e semelhança para sermos felizes e nos deu de presente toda a sua criação para cuidarmos dela da melhor maneira possível. E o mais importante, Deus nos ama muito!

- É hora de ler e conversar sobre o texto bíblico: Gn 1,26-30.

Deus, em sua infinita sabedoria, fez os seres humanos diferentes uns dos outros, deu-lhes liberdade e inteligência para que pudessem ser seus colaboradores. Para isso, a diversidade de dons e de qualidades dos seres humanos contribui para o cuidado com a obra da criação.

Você já viu uma carteira de identidade? Nela está escrito o nome e também tem a impressão digital da pessoa, que é diferente em cada um. Ou seja, nenhuma impressão digital é igual à outra. Isto revela que ninguém é igual, cada um é único.

Vamos contar aos colegas como nosso nome foi escolhido e qual o seu significado. Pergunte também ao seu catequista.

NOME

SIGNIFICADO DO NOME

Use sua criatividade para registrar aqui sua IMPRESSÃO DIGITAL

 Somos únicos aos olhos de Deus. Ele nos ama e nos chama pelo nome.

 **ATIVIDADES**

**1. Procure no caça-palavras:**

Qualidades

Dons

Imagem

Colaborador

Criação

| S | C | O | L | A | B | O | R | A | D | O | R |
|---|---|---|---|---|---|---|---|---|---|---|---|
| F | A | Y | H | V | N | Ç | Ã | J | I | I | |
| S | L | S | A | L | Q | R | S | M | F | O | M |
| A | D | R | N | A | U | Ç | R | A | L | P | A |
| R | O | M | U | O | A | M | F | O | R | E | G |
| P | N | R | F | S | L | N | W | A | Y | G | E |
| W | S | N | O | V | I | L | T | T | O | V | M |
| V | O | V | L | S | D | V | R | A | M | C | Y |
| N | S | C | R | I | A | Ç | Ã | O | Q | V | D |
| A | R | O | W | J | D | L | V | F | A | Õ | Q |
| Q | F | V | F | S | E | S | S | L | N | Ç | I |
| H | N | W | R | N | S | A | R | A | O | L | P |

Agora que você as encontrou, escreva um texto sobre o que aprendeu sobre a criação de Deus, utilizando todas essas palavras.

_____

_____

_____

_____

_____

_____

_____

_____

**2.** Deus nos fez a sua imagem e semelhança (cf. Gn 1,26). Pense e responda: Em que momento as suas atitudes revelam que você é imagem e semelhança de Deus?

_____

_____

**3.** Quando percebe que os seres humanos estão cuidando da obra de Deus?

_____

_____

_____

**4.** Que exemplos você pode citar para demonstrar a falta de cuidado das pessoas para com a criação de Deus?

_____

_____

_____

# O ENCONTRO EM ORAÇÃO

**Todos:** Obrigado, meu Deus, porque antes mesmo que eu existisse o Senhor já me amava. Criou-me a sua imagem e semelhança, concedeu-me a inteligência e a liberdade e me tornou seu colaborador na obra da criação.

Pedimos perdão pela falta de cuidado com sua obra da criação... (oração espontânea).

Nós nos comprometemos a ajudar a cuidar de sua obra fazendo... (oração espontânea).

**Todos:** Amém!

# PARTILHANDO COM A FAMÍLIA

Leia com a sua família o Sl 8,4-7. Seu autor bíblico o escreveu para agradecer e louvar a Deus. Procurem meditar e comparar com o texto bíblico do nosso encontro. Escreva suas conclusões neste espaço.

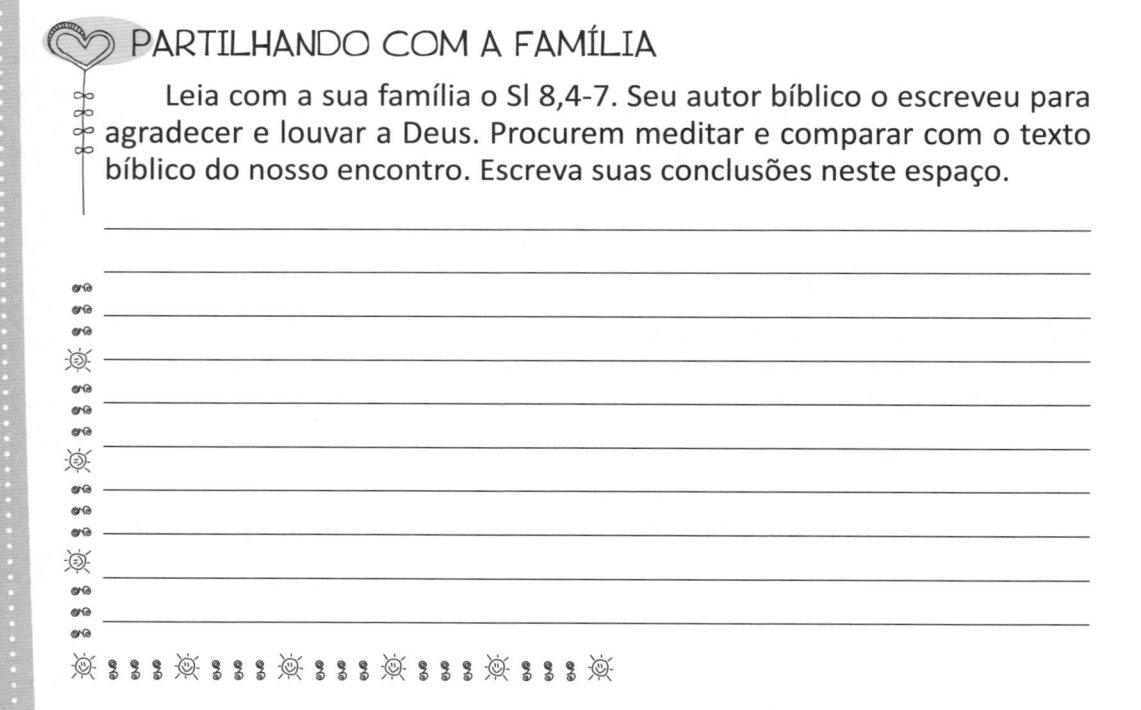

# A ORIGEM DO MUNDO

4

Vimos, no encontro anterior, que Deus nos fez a sua imagem e semelhança e pediu que fôssemos seus colaboradores, cuidando da obra da criação. Mas, como criou todas as coisas?

- Leia e converse com seu catequista e colegas sobre o relato de cada citação. Depois faça um desenho para representar o conteúdo de cada citação.

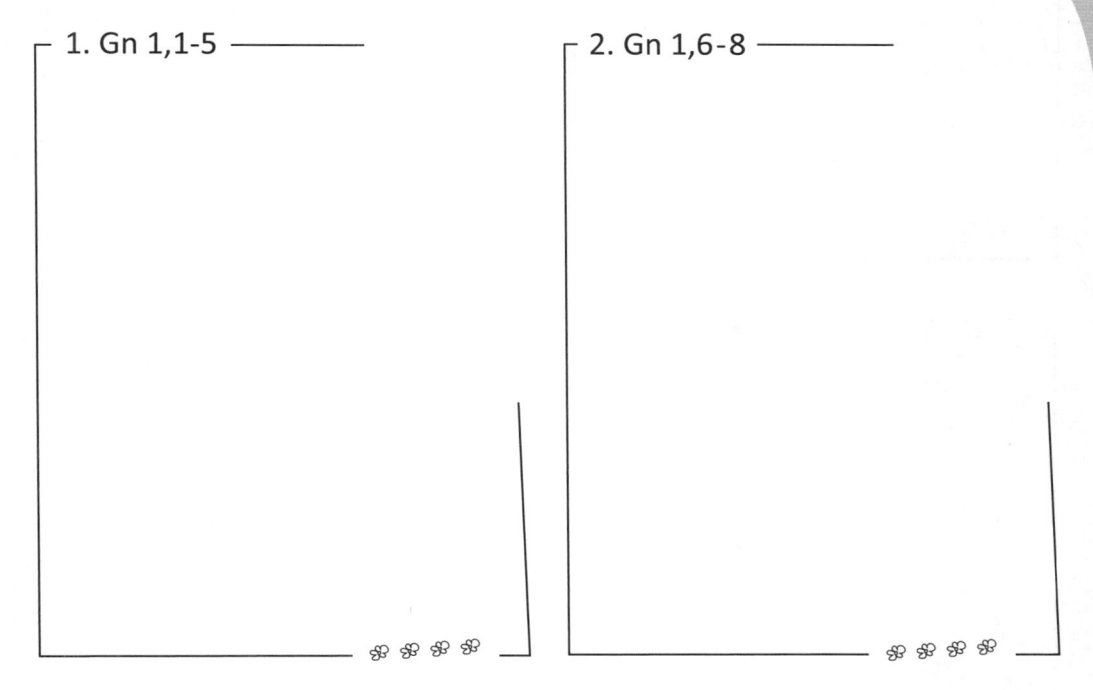

1. Gn 1,1-5

2. Gn 1,6-8

3. Gn 1,9-13

4. Gn 1,14-19 _____

5. Gn 1,20-23 _____

6. Gn 1,24-31 _____

7. Escreva o que Deus fez no sétimo dia:

_____

_____

_____

_____

_____

 ATIVIDADES

1. Organize as palavras escritas de trás para frente. Depois, agradeça a Deus construindo uma oração bem bonita com todas as palavras que revelam as maravilhas da criação.

> sueD – zul – suéc– saugá – aid – etion – sexiep –
>
> satnalp – arret – osrevinu

_____

_____

_____

☼ _____

☽ _____

☾ _____

✦ _____

❀ _____

◎ _____

❁ _____

☾ ⊄ ✦ ❀ ◎ ❁ ♡ ☼ ☽ ⊄ ✦ ❀ ◎ ❁ ♡ ☼ ☽ ⊄ ✦ ❀ ◎ ❁ ♡ ☼

## O ENCONTRO EM ORAÇÃO

Obrigado, Senhor, pela perfeição da sua obra de criação. Por podermos sentir a sua presença em todos os momentos e por meio de todas as coisas.

Espontaneamente vamos ler as orações que cada um escreveu. Após a leitura, todos repitamos juntos:

> *Senhor, nós lhe agradecemos de todo coração por podermos contemplar o seu amor na beleza da natureza e no rosto do meu irmão, feito à sua imagem e semelhança.*

## PARTILHANDO COM A FAMÍLIA

Mostre para sua família os desenhos que fez e conte o significado de cada um. Reflita com ela sobre a obra da criação e pensem juntos: O que Deus fez e o que o ser humano construiu com a inteligência que o Criador lhe agraciou, dando assim continuidade à sua obra. Depois façam uma prece em agradecimento a Deus pelo presente maravilhoso que nos deu, lendo o Sl 148 (sugestão: cada um pode ler um versículo).

# 5

# LIVRES PARA ESCOLHER

Uma das coisas mais importantes que Deus nos deu quando partilhou conosco a obra da criação foi a inteligência, além da liberdade. Com esta podemos fazer escolhas, e, com inteligência, podemos fazer muitas coisas, como brincar, estudar, criar coisas bonitas.

Existem pessoas que usam a inteligência para fazer o bem:

- O cientista que descobre remédios...
- O médico que estuda as doenças para salvar as pessoas...
- A lavadeira que cuida das roupas...
- O marceneiro que constrói móveis...
- As pessoas que atuam nas pastorais da Saúde, do Idoso, da Criança...

É importante aproveitar a inteligência que Deus nos deu para fazer o bem às outras pessoas! Vejamos um exemplo:

### A escolha de Alberto

Um cientista, chamado Alberto, havia feito muitos inventos e descobertas que trouxeram numerosos benefícios às pessoas. Como reconhecimento, recebeu o Prêmio Nobel da Paz, destinado aos que contribuem para o bem da humanidade.

Tendo ouvido sobre a premiação e ciente do que ele poderia fazer, alguns líderes de um certo país foram procurá-lo dizendo que estavam em conflito com um país vizinho e corriam o risco de declaração de guerra em breve. Pediram-lhe, então, para que inventasse um armamento de combate bem poderoso que os ajudasse a ganhar a guerra. Para que ele fizesse isso lhe pagariam muito bem. Seria tanto dinheiro que não precisaria mais se preocupar com sua vida financeira pelo resto da vida.

O Doutor Alberto refletiu sobre a proposta e respondeu que não faria a tal arma. Os líderes tentaram convencê-lo, falando sobre o dinheiro que ele iria ganhar: ficaria rico! Então, o Doutor Alberto falou:

– No que depender de mim, meus conhecimentos, minhas invenções jamais serão usados para a guerra, a destruição ou a violência. Sempre irei usar meus conhecimentos científicos para ajudar o ser humano para proteger a vida.

E foi o que ele fez. Conversou com os líderes e quis saber a razão do desentendimento entre os países. Convocou os governantes de cada um deles e formou uma equipe com pessoas que não queriam a guerra, a violência, e com elas apresentou aos governantes dos países em conflito as soluções para os problemas. Dessa forma, todos pensando juntos, chegaram a um consenso. Fizeram acordos e por meio do diálogo resolveram suas pendências, e não houve necessidade de armas ou violência. Todos ficaram felizes e aliviados. Viveram em paz!!!

O cientista da história, Doutor Alberto, usou sua inteligência para agir em benefício dos outros. Além da inteligência também usou a liberdade que Deus lhe deu para ajudar as pessoas e não pensar somente em si mesmo. Ou seja, usou a liberdade como capacidade de decidir entre fazer o bem ou o mal.

Usando a inteligência podemos **Escolher**! Isto é algo muito importante: **Saber Escolher**!

**Mas escolher o quê?!**

- O que seremos quando formos adultos...
- O brinquedo com o qual queremos brincar...
- A roupa que queremos vestir...
- O presente que queremos dar a quem gostamos...

**Porém, o mais importante é saber escolher as nossas atitudes!**

- Obedecer aos nossos pais!
- Partilhar nosso lanche com quem não tem...
- Deixar nossos amigos brincarem conosco, não deixando ninguém de fora...
- Respeitar os mais velhos...

Deus, porque é Amor, respeita a nossa escolha, e nós, como seus filhos, precisamos buscar escolher sempre o bem!

 **ATIVIDADES**

1. Crie e desenhe uma história que conte como uma pessoa pode escolher fazer o bem. Depois partilhe com os amigos da catequese.

2. Explique, com suas palavras, o que aprendeu com as histórias do cientista e com as criadas pelos seus amigos da catequese.

_____

_____

_____

3. As atitudes dizem aquilo que somos ou fazemos:

* Quando vemos uma pessoa participando de uma campanha, entendemos que ela se preocupa com o bem-estar do próximo.

* Quando vemos uma criança ajudando outra com a tarefa escolar, entendemos que ela é capaz de dividir o que sabe.

Escreva um exemplo de atitude que devemos ter para tratar bem as pessoas e agradar a Deus. E, assim, quando alguém nos olhar dirá: Ele(a) é mesmo um(a) filho(a) de Deus!!!

_____

_____

_____

_____

 ## O ENCONTRO EM ORAÇÃO

**Catequista**: Deus nos ama muito e nos fez à sua imagem e semelhança. Deu-nos a inteligência, a capacidade de pensar e a liberdade de fazer escolhas. Neste momento vamos completar as frases com os pedidos em forma de oração.

**Catequista**: Senhor, ensine-nos a usar a nossa inteligência para... (cada um pode falar o que brotar do coração).

**Todos**: Ensina-nos, Senhor.

**Catequista**: Senhor, ajude-nos a fazer boas escolhas, ter boas atitudes, como... (cada um pode falar livremente)

**Todos**: Ajuda-nos, Senhor.

**Catequista**: Que todos possamos ser colaboradores e construtores de um mundo mais bonito!

**Todos**: Assim seja! Amém.

 ## PARTILHANDO COM A FAMÍLIA

Conte para sua família a história do cientista e algumas criadas pelos seus amigos da catequese, e como devemos nos lembrar do quanto somos capazes de fazer o bem pelos outros, em qualquer lugar onde estejamos: na escola, em nossa casa, na rua em que moramos...

# O PRIMEIRO PECADO: O HOMEM SE AFASTA DE DEUS!

# 6

Deus criou o ser humano porque quis que ele participasse do seu ser, da sua sabedoria e da sua bondade (CIC 295). Criou o homem por amor e para o amor. O ser humano saiu bom e livre das mãos de Deus, mas não soube usar essa liberdade.

Como assim?

Vamos ler o que a Palavra de Deus nos diz: Gn 3,1-19. Mesmo quando o ser humano não soube fazer a sua escolha, Deus não o deixou escravo do seu pecado. Ele é Pai e quer que sejamos felizes. Por isso, não abandonou seus filhos e usou de várias pessoas como instrumentos para reatar a amizade com o ser humano. Ele também prometeu e de fato enviou seu Filho, Jesus, para a nossa salvação, para que por meio dele conhecêssemos o seu amor e assim pudéssemos construir um mundo mais humano e mais justo (cf. CIC 456-460).

# ATIVIDADES

**1.** Marque com V (verdadeiro) ou F (falso).

☐ O Plano de Deus era um plano de amor para todos nós.

☐ O homem, desde o início, rejeitou o amor de Deus.

☐ Todos nós rejeitamos o amor de Deus.

☐ Adão e Eva são símbolos de todas as pessoas que querem viver sem Deus.

☐ Deus, após o pecado do primeiro homem e da primeira mulher, não pensou em reatar a amizade com o ser humano.

✳ Justifique as respostas verdadeiras.

_____
_____
_____
_____
_____
_____

✳ Transforme as respostas falsas em verdadeiras.

_____
_____
_____
_____
_____
_____

**2.** Responda com muita atenção.

✳ Por que o ser humano se afastou de Deus? Qual foi mesmo o seu primeiro pecado?

_____
_____
_____
_____

* Quais são as razões que levam o ser humano a se afastar de Deus nos dias de hoje?

_____

_____

_____

* O que Deus prometeu após o pecado, em sua infinita misericórdia?

_____

_____

_____

 ## O ENCONTRO EM ORAÇÃO

Deus, em sua infinita grandeza e misericórdia, sempre está conosco. Ele nunca nos abandona. Leia e medite em Rm 5,19-20.

Após ler e meditar o texto bíblico, que tal agradecer a Deus por nunca ter desistido do ser humano, fazendo uma oração espontânea que venha de dentro do coração?

Com seu catequista e colegas escolham um canto de agradecimento para terminar o momento de oração.

 ## PARTILHANDO COM A FAMÍLIA

Fale para a sua família sobre o imenso amor que Deus tem para conosco. Leia com ela Rm 5,12-20. Diga-lhe que você aprendeu que o primeiro pecado do ser humano foi desobedecer a Deus (cf. CIC 397) tentando ser igual a Ele.

Reflitam juntos:

Como o ser humano diz não ao Plano de Deus hoje?

# 7

# DEUS CUMPRE A SUA PROMESSA

Abraão era um homem de grande fé. Quando Deus o chamou, fez uma aliança com ele. Convidou-o a deixar sua terra natal, Ur. Sem saber o que ia lhe acontecer, Abraão aceitou o convite, confiou em Deus, que o chamava pelo nome e lhe dava uma missão. A partir dessa aliança se formou um povo numeroso.

⊚ Vamos ler Gn 12,1-8 e conhecer melhor essa história.

Como Deus chamou Abraão, Ele também nos chama; mas, nem sempre precisamos ir para outra cidade, ou país. Às vezes Deus nos chama para realizar algumas coisas em nossa família, em nosso grupo de amigos ou em nossa comunidade, como, por exemplo: ajudar os pais nas tarefas domésticas, motivar os amigos a participarem com responsabilidade da catequese, ajudar na comunidade como coroinha, a distribuir folhetos de cantos antes das missas... Quando dedicamos nosso tempo para ajudar as pessoas e a nossa comunidade colocamos nossos dons a serviço do Reino de Deus, e assim respondemos ao seu chamado.

### Deus cumpre a sua promessa!

Abraão e Sara não entenderam que Deus havia dito que a terra seria para a família e que faria deles um grande povo. Mas, como?! Já eram velhos e continuavam sem filhos! Deus, mais uma vez, falou a Abraão.

- ⊚ Vamos ler Gn 15,5-6 para saber o que Deus disse que fez para que Abraão acreditasse nele, fortalecendo a sua fé.

Abraão e sua mulher Sara esperaram para que se cumprisse a promessa de Deus, e quando já estavam perdendo as esperanças Deus novamente se comunica.

Veja o que aconteceu, lendo o texto bíblico: Gn 18,1-10.

E de fato o que Deus comunicou aconteceu: Abraão e Sara tiveram um filho ao qual deram o nome de **Isaac**, que significa "o sorridente", "riso", para dizer o quanto estavam felizes, pois Deus havia cumprido todas as promessas que fizera a Abraão (cf. Gn 21,1-3).

## ATIVIDADES

1. Converse com seus colegas e catequista: O que é uma aliança? Escreva as suas conclusões:

☆ _____
☆ _____
☆ _____
☆ _____
☆ _____
☆ _____
☆ ☆ ☆ ☆ ☆ ☆ ☆ ☆ ☆ ☆ ☆ ☆ ☆ ☆ ☆ ☆

2. Hoje temos muitas pessoas que deixam sua cidade, Estado e até mesmo seu país, e vão atender ao chamado de Deus para uma missão especial, às vezes muito longe de casa. Você conhece ou já ouviu falar de alguém assim? Converse com sua turma e registre neste espaço o nome da pessoa e a missão que ela assumiu.

_____
_____
_____
_____
_____
_____
_____
_____

## O ENCONTRO EM ORAÇÃO

Abraão acreditou em Deus. Por essa razão é chamado de "Pai da nossa fé".

Vamos rezar pedindo a Deus que nos ajude a crescer na fé a cada dia e sermos tão prontos a lhe servir como Abraão.

*Senhor, eu acredito em ti. Aumenta a minha fé! Por mais difícil que seja fazer a tua vontade, ajuda-me, Senhor, a caminhar nos teus caminhos, sob a luz do teu olhar.*

*Amém.*

## PARTILHANDO COM A FAMÍLIA

Pensemos: Como podemos dizer sim a Deus como Abraão? Quais os serviços que podemos assumir na comunidade, na paróquia? Cada um da sua família vai dar uma ideia e depois assumir um compromisso. Registre-o neste espaço:

_____
_____
_____
_____
_____
_____

# A HISTÓRIA DE JOSÉ!

# 8

O filho de Abraão e Sara, Isaac, teve dois filhos: Esaú e Jacó. Este teve doze filhos: Ruben, Simeão, Levi, Judá, Issacar, Zabulon, José, Benjamim, Dã, Neftali, Gad e Aser (cf. Gn 29,31ss.; Gn 30,1-24; Gn 35,18).

⚙ Para saber como era o relacionamento entre esses irmãos e por que implicavam com José, leia Gn 37,1-36.

Putifar, ministro e chefe da guarda do faraó, comprou José como escravo e levou-o para morar em sua casa. José fazia tudo muito bem-feito. Cuidava de tudo porque confiavam nele, tanto que Putifar o nomeou seu administrador. José era um rapaz bonito e inteligente. A mulher de Putifar quis conquistá-lo, mas José não cedeu aos seus encantos, primeiro porque amava a Deus e não queria cometer nenhum ato impuro; segundo, porque tinha um respeito muito grande pelo dono da casa e não queria traí-lo. A mulher, com raiva de José, e sentindo-se desprezada, inventou muitas mentiras contra ele. O marido acreditou e mandou prendê-lo.

José...

⚙ Traído pelos irmãos...

⚙ Escravo no Egito...

⚙ Caluniado pela mulher do seu senhor...

⚙ Prisioneiro...

Mesmo diante dessas situações, José não se deixou abater. Acreditava no amor de Deus e sabia que Ele estava a seu lado. Deus deu a José o dom de interpretar sonhos. E por esse dom ele acabou se tornando o administrador do Egito; a segunda pessoa mais importante do Egito depois do Faraó (cf. Gn 41,39-41).

Anos depois ele reencontrou seus irmãos, que passavam por dificuldades. Porém eles não o reconheceram. José revelou quem era e pediu para seus irmãos voltarem para Canaã e trouxessem seu pai, Jacó, e todos os outros parentes e servos para morarem junto dele. Assim, o povo de Deus se estabeleceu nas terras do Egito e ali ficou protegido até a morte de José.

## ATIVIDADES

1. José passou por muitas dificuldades. Porém, sua fé em Deus nunca se abalou. Também nunca guardou mágoa no seu coração. Perdoou seus irmãos e os acolheu no Egito. Faça um desenho de José se reencontrando com a sua família.

2. O que aprendemos para nossa vida com a atitude de José?

_____

_____

_____

3. O que poderíamos dizer para as pessoas que sentem inveja, que caluniam os outros? Escreva um conselho bem legal.

_____

_____

_____

_____

 ## O ENCONTRO EM ORAÇÃO

Oremos pedindo a Deus para sermos fiéis na fé, assim como José. Que possamos nas dificuldades do nosso dia a dia sempre dizer:

*Creio em Deus Pai todo-poderoso, criador do céu e da terra;*
*E em Jesus Cristo, seu único Filho, nosso Senhor;*
*que foi concebido pelo poder do Espírito Santo;*
*nasceu da Virgem Maria, padeceu sob Pôncio Pilatos;*
*foi crucificado, morto e sepultado;*
*desceu à mansão dos mortos; ressuscitou ao terceiro dia;*
*subiu aos céus; está sentado à direita de Deus Pai todo-poderoso,*
*donde há de vir a julgar os vivos e os mortos.*
*Creio no Espírito Santo,*
*na santa Igreja Católica,*
*na comunhão dos santos,*
*na remissão dos pecados,*
*na ressurreição da carne,*
*na vida eterna.*
*Amém.*

 ## PARTILHANDO COM A FAMÍLIA

Apesar de todo o sofrimento, José continuou acreditando no amor de Deus. Em casa, conte a história de José para a sua família e reflitam sobre a presença de Deus em todos os momentos de nossa vida. Mesmo nos mais difíceis, Ele nunca nos abandona.

# 9

# MOISÉS: O LIBERTADOR!

**Vamos conhecer um grande líder: Moisés! Mas, como é a sua história?**

Tudo se inicia quando José vai morar no Egito com sua família e, depois de sua morte, o faraó ter decidido escravizar o povo hebreu.

E aonde Moisés entra nisso?

O povo, que era escravizado, tornou-se numeroso, e um dia o faraó mandou seu exército matar todos os recém-nascidos do povo hebreu. A mãe de Moisés o colocou, em um cesto, no rio, para que ele não fosse descoberto. A filha do faraó o encontrou na margem do rio, e por isso tem esse nome, Moisés, que quer dizer "salvo das águas" (cf. Ex 2,1-10).

Faça um desenho que ilustre a filha do Faraó encontrando Moisés dentro do cesto no rio.

Moisés cresceu, e, para saber o que aconteceu, complete as frases com as citações bíblicas indicadas:

- Um dia, por acaso (Ex 2,11-12)

_____

_____

_____

_____

_____

- Com medo (Ex 2,15)

_____

_____

_____

_____

_____

No deserto, Moisés casa-se, e certo dia ouve a voz de Deus.

- Para saber como foi e o que Deus pediu a Moisés vamos ler Ex 3,1-15.

Moisés, depois do encontro com Deus, procurou o faraó por várias vezes, pedindo que libertasse o seu povo. Porém, o faraó não deixou os hebreus partirem, porque eram bons trabalhadores. Por esse motivo, dez pragas foram lançadas sobre o Egito, até que o faraó deu permissão para o povo partir.

Ao saírem de lá fizeram uma rápida refeição, porque tinham que fazê-lo às pressas. Comeram carne assada no fogo, com pães ázimos ou sem fermento e ervas amargas (cf. Ex 12,8). Os pães feitos dessa maneira lembram que o povo saiu do Egito com muita pressa. E as ervas amargas simbolizam as lembranças dos dias difíceis. Chamaram essa comemoração de Festa da Páscoa (cf. Ex 12,11).

Páscoa quer dizer passagem. Passagem da escravidão do povo hebreu para a liberdade. Jesus também celebrava a páscoa com os apóstolos. Mas, Ele mudou o rito na Santa Ceia. Hoje, o significado da páscoa é maior: passagem da morte para a vida!

 ## ATIVIDADES

1. Quando Deus chama Moisés para libertar seu povo no Egito, antes de aceitar, este dá duas desculpas. Procure na Bíblia o que ele diz e escreva nos espaços indicados.

   ✻ Ex 3,11

   _____

   _____

   _____

   ✻ Ex 3,13

   _____

   _____

   _____

2. Vamos conversar com nossos colegas e catequista: Alguma vez eu já dei alguma "desculpa" para não atender ao chamado de Deus? Qual foi?

   _____

   _____

   _____

   _____

## O ENCONTRO EM ORAÇÃO

Ao crescer Moisés viu e não gostou do sofrimento do seu povo. Apesar de, no início, não se sentir capaz, aceitou a missão que recebeu de Deus.

Vamos pedir por todos aqueles que sofrem, fazendo nossas preces espontâneas e concluindo com a oração do Pai-nosso.

## PARTILHANDO COM A FAMÍLIA

Explique para sua família quem foi Moisés e depois conversem: Nos dias de hoje há pessoas que, como ele, lutam para libertar o povo do sofrimento? Quem são essas pessoas? E quem, ou o que, está levando as pessoas a sofrerem?

_____

_____

_____

# 10

# CAMINHOS DA VIDA: OS DEZ MANDAMENTOS

Moisés, após libertar o povo de Israel, con-duziu-o pelo caminho do deserto. No terceiro mês depois da saída do Egito, os israelitas chegaram ao pé do Monte Sinai. Ali armaram tendas e Moisés subiu até o monte, recebendo de Deus os Dez Mandamentos.

⚙ Leia o texto bíblico: Ex 20,1-17.

1º) Amar a Deus sobre todas as coisas.

2º) Não tomar o seu Santo Nome em vão.

3º) Guardar domingos e festas de guarda.

4º) Honrar pai e mãe.

5º) Não matar.

6º) Não cometer adultério.

7º) Não roubar.

8º) Não levantar falso testemunho.

9º) Não desejar a mulher do próximo.

10º) Não cobiçar as coisas alheias.

**Mas, o que são os Dez Mandamentos?**

Os Mandamentos de Deus são leis que nos levam para o verdadeiro amor. Ajudam-nos a entender como podemos viver conforme a sua vontade, para cuidar da dignidade humana. Também podemos chamar os Dez Mandamentos de Decálogo.

 **ATIVIDADES**

1. Na sociedade em que vivemos, no nosso dia a dia temos muitas leis, normas que regem a nossa vida. Vamos lembrar-nos de algumas:

> ✳ Na escola:
>
> _____
> _____
> _____
> _____

> ✳ No trânsito:
>
> _____
> _____
> _____
> _____

> ✳ No trabalho:
>
> _____
> _____
> _____
> _____

> ✳ Outra(s):
>
> _____
> _____
> _____
> _____

> ✳ Converse com seus colegas e catequista, e responda: Essas leis, normas são importantes? Por quê?
>
> _____
> _____
> _____
> _____

2. Vamos dividir a turma em dez grupos para que cada equipe escreva um Mandamento em uma tira de cartolina. Essas tiras deverão ser afixadas de modo visível para que todos possam se lembrar da Lei de Deus e de sua importância em nossas vidas.

3. Observe os Dez Mandamentos escritos nas tiras de cartolina e comente: Sobre o que falam os três primeiros Mandamentos? E os outros sete Mandamentos?

## O ENCONTRO EM ORAÇÃO

Vamos olhar atentamente, em silêncio, para cada uma das tiras de cartolina com os Dez Mandamentos da Lei de Deus. Depois, vamos ler, juntos, em voz alta, para fazer ecoar no coração cada Mandamento.

⚘ Vamos ler o texto bíblico: Mt 19,16-19.

**Todos:** *Obrigado, Senhor, por nos mostrares a tua vontade, por nos ensinares como podemos viver melhor seguindo os Dez Mandamentos para sermos mais felizes. Conceda-nos, com a tua graça, força e sabedoria, para que consigamos vivenciá-los em nosso dia a dia. Amém!*

 ## PARTILHANDO COM A FAMÍLIA

Leia e converse com a sua família sobre os Dez Mandamentos da Lei de Deus e a sua importância em nossas vidas. Ah! E pergunte quem sabe o que é a Arca da Aliança... Escreva neste espaço e conte para sua turma no próximo encontro.

# 11

# AMAR A DEUS
# SOBRE TODAS AS COISAS

Você sabia que o primeiro Mandamento convida o ser humano a crer em Deus e a amá-lo acima de tudo? (CIC 2134)

Vamos conhecer o que Jesus falou sobre o primeiro Mandamento lendo Mt 22,37.

⊚ Mas, de que forma podemos mostrar nosso amor a Deus?

Pense e desenhe sua resposta.

 Amar a Deus sobre todas as coisas significa que devemos colocá-lo em primeiro lugar em nossa vida.

## ATIVIDADES

1. Organize as palavras dos quadros e procure gravar no seu coração a citação bíblica que se formará.

| | | | |
|---|---|---|---|
| Senhor. | único | nosso | Israel! |
| O | | | |
| é | Senhor | Deus | o | Ouve, |

* Escreva neste espaço:

_____

_____

_____ (Dt 6,4).

2. De que forma podemos agradar a Deus deixando em segundo lugar as coisas que são menos importantes que Ele?

_____

_____

_____

_____

## O ENCONTRO EM ORAÇÃO

O primeiro Mandamento da Lei de Deus nos orienta a amá-lo sobre todas as coisas. Leia Dt 6,4-6 (momento de silêncio).

Eu amo a Deus sobre todas as coisas quando... (quem sentir desejo pode falar em voz alta).

......Juntos rezemos:

*Deus, nosso Pai, sabemos que teus Mandamentos nos mostram o caminho da felicidade. Dá-nos a tua graça para que possamos sempre segui-los com amor e respeito.*

##  PARTILHANDO COM A FAMÍLIA

Conte para sua família o que aprendeu no encontro de hoje. Reflita junto com ela: Em que momentos o ser humano ama a Deus sobre todas as coisas e em que ocasiões ele não consegue fazer isso, e por quê.

# 12

## NÃO TOMAR SEU SANTO NOME EM VÃO!

O segundo Mandamento da Lei de Deus nos diz que devemos respeitar o Nome do Senhor. Deus confiou seu Nome a todos aqueles que acreditam nele. O Nome pertence à ordem da confiança e intimidade (cf. CIC 2142-2143).

O que o *Catecismo da Igreja Católica* nos diz sobre isso?

> "O Nome do Senhor é Santo". Eis por que o homem não deve abusar dele. Deve guardá-lo na memória num silêncio de adoração amorosa. Não fará uso dele a não ser para bendizê-lo, louvá-lo e glorificá-lo (CIC 2143).

Mas, o que quer dizer: o Nome do Senhor é Santo e o homem não deve abusar dele? Em que momentos as pessoas fazem isso?

- Para entender melhor, leia o texto bíblico de Mt 5,33-37.

**Converse com seu catequista e colegas:**
- Alguma vez nós já fizemos algum juramento? Temos o costume de fazer isso?
- Por que precisamos jurar? É realmente necessário?

### O que significa o termo jurar?

O *Catecismo da Igreja Católica* (2150-2151) explica que "Fazer juramento ou jurar é invocar a Deus como testemunha do que se afirma". "O juramento falso invoca Deus para ser testemunha de uma mentira."

Jesus quando diz: *"Que seu sim seja sim e que seu não seja não"* (cf. Mt 5,33-37), quer nos ensinar que devemos sempre falar a verdade, nunca jurar falso usando o Nome de Deus para garantir o que estamos dizendo.

##  ATIVIDADES

1. Você já deve ter visto em filmes, pela TV ou cinema, um julgamento em tribunal. Converse com seus colegas e catequista e escreva o juramento que uma testemunha tem que fazer antes de falar.

_____

_____

_____

Um juramento pode ser feito, por exemplo, em um tribunal quando a causa é grave e justa (CIC 2154).

2. Deus chama cada um pelo seu nome. O nome de todo ser humano é sagrado (cf. CIC 2158). Existem algumas pessoas que têm o costume de apelidar os outros. Às vezes são apelidos que são ofensivos, debochados. Você já vivenciou uma situação assim ou já viu isso acontecer? O que pensa sobre isso?

_____

_____

_____

_____

##  O ENCONTRO EM ORAÇÃO

O Nome do Senhor é santo. Por isso não devemos usá-lo em vão, mas render glória a Ele, naquilo que fazemos e naquilo que vivemos, porque somente Deus é o Senhor de todas as coisas.

Façamos orações espontâneas pedindo perdão por todas as vezes que não respeitamos o Santo Nome de Deus. Após cada oração repitamos juntos: *Senhor, eu quero bendizer, louvar e glorificar-te, porque és santo. Amém!*

##  PARTILHANDO COM A FAMÍLIA

Converse com seus familiares sobre o que aprendeu: *"Que seu sim seja sim e que seu não seja não"* (cf. Mt 5,33-37), e faça com eles um propósito de seguir o ensinamento de Jesus.

# 13 GUARDAR DOMINGOS E FESTAS!

Em nossa família temos alguns dias que são especiais, não é mesmo?! O almoço de domingo, em que todos se reúnem... E as festas de aniversário? É muito bom receber um abraço das pessoas que amamos e sermos lembrado por elas!

Na Igreja também é assim... No domingo a família, o povo de Deus, reúne-se para participar da missa ou do culto. É um dia em que devemos dedicar nosso tempo a Deus. Portanto, é também o dia de ir à igreja agradecer por todas as coisas que aconteceram durante a semana. É dia de fazer o nosso encontro com o Senhor.

Para conhecer o que a Bíblia nos fala sobre isso, leia o texto bíblico: Ex 20,8-10.

O Dia do Senhor era considerado o sábado, o sétimo dia da semana, porque lembrava a saída do Povo de Deus do Egito, e nesse dia as pessoas dedicavam-se exclusivamente ao Senhor, e o povo era orientado a não realizar determinadas atividades.

- ⊚ Para saber mais sobre este assunto vamos ler o texto bíblico de Mc 2,27-28 e descobrir o que Jesus fala sobre o dia de sábado.

**Você sabe por que a nossa Igreja diz que o domingo é o Dia do Senhor?**

Jesus ressuscitou "no primeiro dia da semana". Por isso para os cristãos ele se tornou o primeiro de todos os dias, o Dia do Senhor (cf. CIC 2174).

Vamos conferir na Bíblia onde isso está escrito, qual foi o dia da ressurreição do Senhor?

⊚ Leia atentamente Mt 28,1; Mc 16,2; Lc 24,1 e Jo 20,1.

## ATIVIDADES

1. Descubra quais são as palavras, escritas de trás para frente, que nos ajudam a viver este Mandamento.

> aiD – rohneS – ajergI – ratisiV– recedargA - ognimoD

_____

_____

_____

2. Escreva um texto utilizando todas as palavras que ordenou, sobre o terceiro Mandamento da Lei de Deus: Guardar domingos e festas.

_____

_____

_____

_____

_____

_____

_____

_____

_____

_____

_____

_____

_____

## O ENCONTRO EM ORAÇÃO

Vamos pedir perdão a Deus pelas vezes em que não guardamos os domingos e festas. Por não termos ido à missa ou ao culto no domingo e nos dias de festas de guarda.

Vamos agradecer a Deus pelo encontro de hoje e especialmente por termos um dia especial para nos encontrarmos com Ele:

*Senhor Deus, dá-nos a tua graça para que possamos participar da missa (celebração), louvando e agradecendo tua presença em nossas vidas. Assim seja! Amém.*

 ## PARTILHANDO COM A FAMÍLIA

Conte para seus familiares sobre o encontro de hoje e convide-os a fazer uma pesquisa sobre as festas de guarda da Igreja, para levar no próximo encontro. Escreva, no espaço abaixo, o que descobriram.

# HONRAR TEU PAI E TUA MÃE

Nossos pais são pessoas que nos amam e se preocupam conosco. Nós também os amamos e os respeitamos muito. Isso faz parte do Plano de Deus.

Vamos nos dividir em equipes e ler os seguintes textos bíblicos:

- Ex 20,12
- Eclo 7,7-28
- Pr 6,20-22
- Pr 13,1
- Cl 3,20
- Eclo 3,1-6

Depois de ler os textos, cada grupo vai apresentar aos seus colegas o que entendeu sobre o quarto Mandamento da Lei de Deus.

"Os filhos devem aos seus pais respeito, gratidão, justa obediência e ajuda. O respeito filial favorece a harmonia de toda a vida familiar" (CIC 2251). É importante que respeitemos os mais velhos – nossos avós e antepassados, nossos professores e as autoridades (cf. CIC 2119 e 2200).

## ATIVIDADES

1. Para cumprirmos o quarto Mandamento da Lei de Deus, como devemos agir com nossos pais ou com as pessoas que cuidaram de nós como pais adotivos, madrinhas, tias, avós, babás...?

_____

_____

_____

2. Converse com seus colegas e catequista sobre o relacionamento de respeito dos alunos para com os professores. Depois escreva três atitudes necessárias para que o quarto Mandamento seja vivenciado em relação a seus professores.

_____

_____

_____

## O ENCONTRO EM ORAÇÃO

Para que possamos viver em um mundo onde as pessoas se amem e se respeitem devemos cumprir o que Deus nos ensina em seus Mandamentos. Eles nos foram dados para a nossa felicidade.

- ✳ Peçamos a Deus para que em todos os lares os filhos respeitem e amem seus pais, para que, assim, possam viver em harmonia. **Senhor, escutai a nossa prece.**

- ✳ Peçamos a Deus para que nos ajude a respeitar todas as pessoas que de alguma maneira participam de nossa vida, como os professores, padrinhos... (citar quem faz parte de sua vida). **Senhor, escutai a nossa prece.**

- ✳ Peçamos a Deus que todos os filhos possam viver o seu plano de amor. **Senhor, escutai a nossa prece.**

Finalizamos a nossa oração cantando.

## PARTILHANDO COM A FAMÍLIA

Muitas coisas foram aprendidas nesse encontro. Converse com sua família e reflitam juntos:

- ◉ Hoje em dia muito se fala no respeito entre pais e filhos. Como se pode no dia a dia melhorar esse relacionamento?

# CHAMADOS POR DEUS A CUIDAR DA VIDA E VIVER O AMOR

# 15

**O quinto Mandamento** – Não matarás – quer dizer que devemos sempre defender a vida, o presente que Deus nos deu, pois Ele é o dono da vida, do começo ao fim (CIC 2258). Defender a vida é cuidar da saúde, evitar a violência, zelar pela verdade e pela justiça, garantir os direitos e deveres das pessoas.

⊛ Vamos ler Ex 20,13 e Mt 5,21-22 e refletir o que estes textos bíblicos falam sobre isso.

Como podemos defender a vida? Observe os desenhos e escreva um exemplo para cada situação.

Cuidando da saúde

_____

_____

Evitar a violência

_____

_____

Cuidar das pessoas

_____

_____

A vida é um bem precioso que precisamos cuidar zelando pelo bem das pessoas e da natureza como expressão maior do amor de Deus.

Deus fez o ser humano vocacionado para o amor. Isso quer dizer que ele é chamado por Deus a viver o amor. Existe o amor filial, entre pais e filhos; o amor fraternal, entre irmãos, seja com parentesco consanguíneo ou não; existe também o amor que une um casal, que faz com que tenham um projeto de vida e se casem para realizá-lo.

**No sexto Mandamento** – Não cometer adultério – Deus nos pede para sermos fiéis assumindo com lealdade os nossos compromissos junto às pessoas, pois a base dos relacionamentos é o amor e a fidelidade.

- Leiamos o que a Palavra de Deus nos ensina sobre o sexto Mandamento: Ex 20,14; Dt 5,17.

## ATIVIDADES

1. Lutar pela vida em todos os sentidos define o quinto Mandamento da Lei de Deus. Imagine que você está fazendo uma campanha em prol do desenvolvimento da vida das pessoas, do nosso planeta... O que você diria para conscientizar e levar os outros a participarem? Use sua imaginação e argumente para convencê-los. Dê um nome à sua campanha. Escreva-o neste quadro:

_____
_____
_____
_____
_____
_____
_____

2. Deus quer que todas as pessoas vivam o seu plano de amor. No sexto Mandamento Deus pede a fidelidade e o amor familiar. Vamos escrever uma frase bem bonita parabenizando um casal que está se preparando para o matrimônio, para que ele seja muito feliz em sua nova vida?! Escreva o que você deseja para que sejam felizes.

## O ENCONTRO EM ORAÇÃO

A vida é um presente que Deus nos deu. Portanto, ela é sagrada. Agradeçamos a Deus pela maravilha do dom da vida e da capacidade de amar, dizendo:

* *Obrigado, Senhor, pelas vezes que cuidamos com carinho da vida, valorizando as coisas boas que existem dentro de nós e das outras pessoas.*

* *Obrigado, Senhor, por todos os casais que vivem o seu plano de amor, sendo fiéis ao seu compromisso.*

Maria foi fiel ao Plano de Deus. Rezemos uma Ave-Maria, pedindo a ela que interceda junto a seu Filho Jesus para que nos ajude a ser fiéis na valorização da vida e na vocação ao amor.

## PARTILHANDO COM A FAMÍLIA

Na família é preciso cuidar da vida e dos relacionamentos como bens preciosos para garantir a felicidade que Deus planejou para nós. Converse com sua família sobre os dois Mandamentos: Não matarás e Não cometerás adultério. Depois, convide-a a refletir e estabelecer compromissos para as seguintes perguntas:

- De que forma podemos promover e cuidar da vida para construirmos um mundo melhor?

- O que um casal precisa para poder viver um projeto de vida?

# OS CAMINHOS DA VIDA: NÃO FURTARÁS

Existem alguns ditados populares que fazem parte do nosso dia a dia. As pessoas escutam, repetem, brincam, mas acabam assimilando-as, sem perceber, em sua vida. Veja estes exemplos, e se conhecer outro ditado, conte para sua turma:

- "Ladrão que rouba ladrão tem cem anos de perdão".

- "Achado não é roubado".

- O que estas frases querem dizer? É correto o que elas ensinam?

Vamos descobrir as respostas aprendendo o que nos diz o sétimo Mandamento da Lei de Deus, lendo Ex 20,15; Dt 5,19 e Mt 19,18.

Este Mandamento nos fala que toda forma de apropriação e uso injusto dos bens dos outros não é correta. Ou seja, não podemos tomar posse indevidamente do que não é nosso. Isto significa que os ditados populares que vimos acima não são corretos, de acordo com o sétimo Mandamento.

Muitas vezes pensamos que somente quando uma pessoa é assaltada é que ocorre roubo. No entanto, existem outras maneiras em que isso pode acontecer.

**Veja alguns exemplos**

- Não pagar salário justo aos empregados.
- Trabalho escravo.
- Enganar as pessoas no peso das mercadorias.
- Não devolver aquilo que se pega emprestado.
- Ao encontrar um objeto de uma pessoa, ficar com ele sem antes procurar seu dono.
- O vandalismo também é uma espécie de roubo porque traz prejuízo à pessoa ou à comunidade.

O roubo às vezes começa a fazer parte da vida das pessoas por meio de pequenas atitudes de apropriação das coisas alheias, como ideias, roupas, livros emprestados não devolvidos. Essas atitudes passam a ser reconhecidas como naturais e, de repente, a pessoa não respeita mais o direito e os bens das outras pessoas.

Não roubar é saber viver com o que possui, é respeitar e conservar o que é para todos, como a nossa escola, o ônibus, as praias, as praças... exercitando o seu dever de cidadão e de cristão que prima pela honestidade e justiça social.

## ATIVIDADES

1. Se alguém conversar com você e disser os ditados populares que estão escritos acima, agora que você conhece o sétimo Mandamento da Lei de Deus, o que diria a essa pessoa?

_____

_____

_____

_____

_____

2. Use sua criatividade e construa uma história em quadrinhos na qual um(a) menino(a) encontra algo em sua escola e procura o dono para devolver. Lembre-se de escrever as legendas...

|  |  |
|---|---|
|  |  |
|  |  |
|  |  |

## O ENCONTRO EM ORAÇÃO

É importante que as pessoas se respeitem e vivam com base na confiança mútua. Que todos possam viver na prática da justiça e da honestidade. Rezemos um Pai-nosso.

*Pai nosso, que estais nos céus, santificado seja o vosso nome, venha a nós o vosso reino, seja feita a vossa vontade, assim na terra como no céu. O pão nosso de cada dia nos dai hoje, perdoai-nos as nossas ofensas, assim como nós perdoamos a quem nos tem ofendido, e não nos deixeis cair em tentação, mas livrai-nos de todo o mal. Amém.*

## PARTILHANDO COM A FAMÍLIA

Converse com sua família sobre o sétimo Mandamento da Lei de Deus. Fale sobre o que aprendeu e pergunte se alguém já viu notícias no jornal ou na televisão sobre esse assunto.

Faça um comentário sobre o que sua família disse a respeito do sétimo Mandamento. Depois partilhe com seus colegas e catequista.

_____

_____

_____

_____

_____

_____

_____

_____

_____

_____

_____

_____

_____

_____

# NOS CAMINHOS DA VIDA: NÃO LEVANTAR FALSO TESTEMUNHO

O relacionamento entre as pessoas sempre deve ter como base a verdade. Seja com nossos pais, irmãos, amigos, colegas, professores... Por que dizer sempre a verdade é tão importante?

Primeiro vamos entender o que é verdade. O *Catecismo da Igreja Católica* (2505) define assim: "A verdade ou veracidade é a virtude que consiste em mostrar-se verdadeiro no agir e no falar, fugindo da duplicidade, da simulação e da hipocrisia".

Se procurarmos no dicionário, para compreendermos melhor, veremos que hipocrisia quer dizer manifestações de fingidas virtudes, fingimento, falsidade.

Nossa! E o que o oitavo Mandamento da Lei de Deus nos ensina sobre isso?

⊚  Leia Ex 20,16 e Mt 5,33.

O oitavo Mandamento proíbe de falsear a verdade nas relações com os outros, ao se contar uma mentira que prejudica uma pessoa.

⊚  Quais são os tipos de atitude em que isso ocorre em sua realidade? Converse com seus colegas e catequista.

Ao falar uma mentira podemos estar atingindo a reputação e a honra das outras pessoas, como, por exemplo, ao dizer uma calúnia, ou seja: quando se inventa algo sobre alguém e atinge sua honra, isto prejudica a pessoa, fazendo com que os outros não acreditem nela e a julguem sem que mereça. O mesmo acontece quando se faz fofoca, contando um fato, aumentando os detalhes indevidamente. "Toda falta cometida contra a verdade exige reparação" (CIC 2509).

## ATIVIDADES

1. Você conhece a brincadeira do telefone sem fio? Seu catequista vai escrever uma frase em um papel e depois vai falar o que escreveu no ouvido de um catequizando e ele vai repetir baixinho no ouvido do outro. Todos deverão participar... Ao final o último catequizando irá dizer a frase que ouviu. O catequista então deverá mostrar a frase que foi escrita no papel. Será que ela está igual à que foi dita ao primeiro catequizando? Depois da brincadeira lembre-se do oitavo Mandamento e escreva suas conclusões:

_____

_____

_____

_____

_____

2. Vamos procurar compreender difamação e calúnia na prática e as suas consequências. Seu catequista pegará uma folha de papel nova e irá amassá-la. Depois irá abri-la. Veja como ficou. Voltou a ser a mesma? Escreva fazendo uma ligação entre o oitavo Mandamento da Lei de Deus, a dinâmica da folha e o que acontece quando se calunia alguém.

_____

_____

_____

_____

_____

_____

## O ENCONTRO EM ORAÇÃO

Nós queremos ser felizes e amar a Deus. Para isso devemos falar sempre a verdade e respeitar todas as pessoas. *Senhor, dai-nos a sua graça para que permaneçamos sempre no caminho da verdade, e assim termos muitos amigos e a confiança de todos.*

Vamos pedir perdão pelas vezes em que não falamos a verdade, julgamos as pessoas e fazemos fofocas (orações espontâneas) dizendo: *Perdão, Senhor, pelas vezes que levantei falso testemunho.*

Rezemos juntos o ato de contrição:

*Meu Deus, eu me arrependo de todo o coração de vos ter ofendido, porque sois tão bom e amável. Prometo, com a vossa graça, esforçar-me para ser bom. Meu Jesus, misericórdia!*

 ## PARTILHANDO COM A FAMÍLIA

Em casa faça a dinâmica da folha com sua família e explique o que aprendeu, falando do oitavo Mandamento da Lei de Deus.

# NÃO DESEJAR O QUE É DO PRÓXIMO

Leia Ex 20,17 e escreva o que se diz neste texto sobre o nono Mandamento.

_____
_____
_____
_____

**O nono Mandamento** nos diz para não cobiçar as coisas que pertencem ao seu próximo: casa, carro, roupa, mulher, marido... guardando assim a pureza nos pensamentos e nos desejos que nos permite ver as coisas segundo o olhar de Deus. Para vivermos assim precisamos alimentar nossa vida pelo respeito mútuo, uso de palavras que ajudam a valorizar as pessoas, cuidado de nosso corpo e do corpo das outras pessoas. Para isso algumas atitudes são importantes:

Escolher a revista que lemos.

Escolher bem os filmes e desenhos animados que assistimos.

RESPEITO
CUIDADO

Evitar falar palavrões.

**Agora é com você!**

Quais seriam as outras atitudes que nos ajudam a vivenciar o nono Mandamento?

_____
_____

Cumprir este Mandamento nos ajuda a cultivar o respeito e compreender que "A pureza do coração nos permitirá ver a Deus e nos permite desde já ver todas as coisas segundo Deus" (CIC 2531).

# ATIVIDADES

1. Em nossa vida somos tentados a desobedecer ao nono Mandamento, pois diariamente nos vemos diante do desejo de ter para si aquilo que é do outro. Esse desejo pode nos tornar impuros de mente e coração. Pense e responda.

✳ Como você pode cumprir o nono Mandamento cultivando o respeito pelo que pertence às outras pessoas.

_____

_____

_____

_____

_____

✳ Quais são as palavras que precisa aprender a usar com mais frequência em seu cotidiano para valorizar as pessoas?

_____

_____

_____

_____

 ## O ENCONTRO EM ORAÇÃO

Para que possamos promover no mundo o respeito mútuo, elevemos a Deus nossos pedidos:

*Guarda, Senhor, a pureza dos meus pensamentos.*

*Livra-me, Senhor, de cobiçar as coisas que pertencem ao meu próximo.*

*Ensina-me, Senhor, a alegrar-me com o sucesso do meu próximo.*

Silencie e repita em forma de mantra o versículo: Bem-aventurados os puros de coração, porque verão a Deus (Mt 5,8).

 ## PARTILHANDO COM A FAMÍLIA

Explique a sua família sobre o que aprendeu com o nono Mandamento. Converse com ela sobre o respeito para com o corpo e quais ações podem realizar para manter a pureza de pensamentos e de coração.

# 19

# NÃO COBIÇAR AS COISAS ALHEIAS

**O décimo Mandamento** da Lei de Deus nos ensina a não cobiçar as coisas alheias.

⊚ Leia novamente Ex 20,17 e escreva a citação bíblica que se refere ao décimo Mandamento.

_____

_____

_____

Com este Mandamento compreendemos que a inveja sentida pelas conquistas e bens do próximo, querendo para si o que é do outro, é um jeito de agir que impede a pessoa de reconhecer o que tem de bom e a conduz a desejar o mal do próximo, levando a sentir-se triste e infeliz.

⊚ Leia com atenção Mt 6,21 sobre os seus sentimentos em relação às coisas que seus amigos possuem.

Depois faça um desenho para expressar o que aprendeu sobre o décimo Mandamento.

Seguir o décimo Mandamento é ser capaz de alegrar-se com as conquistas e felicidade das pessoas próximas de nós, excluindo do nosso coração a inveja.

## ATIVIDADES

1. Você, com certeza, assistiu a desenhos animados, filmes em que alguns personagens são muito ambiciosos, só pensam em poder, nunca estão contentes com o que têm, sentem inveja dos outros e desejam tudo só para si. Conte para seu catequista e colegas o desenho ou filme que assistiu e o que aconteceu com esse personagem. Registre no espaço a seguir a conclusão à qual sua turma chegou sobre esse tipo de atitude.

_____

_____

_____

2. Escreva uma história sobre a atitude de uma pessoa que segue o décimo Mandamento da Lei de Deus. Imagine que alguém ficou muito feliz porque seu amigo ganhou algo bem legal...

_____

_____

_____

_____

_____

_____

_____

_____

_____

_____

_____

_____

_____

## O ENCONTRO EM ORAÇÃO

Vamos pedir a Deus que nosso coração seja sempre cheio de bons sentimentos. Que nos ajude sempre a cumprir os seus Mandamentos para que, assim, possamos viver em um mundo melhor e mais feliz.

Rezemos a oração do Santo Anjo pedindo sua proteção.

*Santo anjo do Senhor,*
*meu zeloso guardador.*
*Se a ti me confiou a piedade divina,*
*sempre me rege,*
*me guarde,*
*me governe,*
*me ilumine.*
*Amém.*

## PARTILHANDO COM A FAMÍLIA

Explique a sua família sobre o que aprendeu do décimo Mandamento. Converse como podem ficar felizes por todas as coisas e conquistas das pessoas que vivem ao redor.

# CELEBRAÇÃO:
# OS DEZ MANDAMENTOS

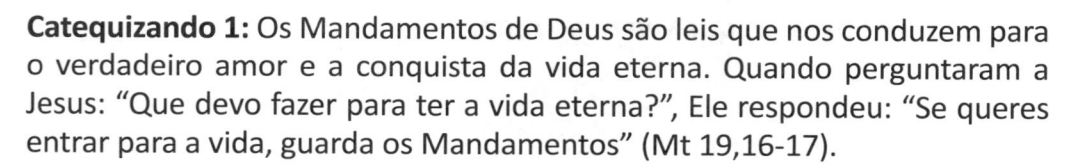

**Catequista:** Que bom estarmos aqui reunidos. Coloquemo-nos na presença de Deus, invocando a Santíssima Trindade: Em nome do Pai e do Filho e do Espírito Santo (pode ser cantado). Amém.

**Catequista:** Após libertar o povo de Israel, Moisés o conduz pelo deserto, até chegarem ao pé do Monte Sinai. Ali armaram as tendas e Moisés subiu até o monte, recebendo de Deus os Dez Mandamentos.

**Catequizando 1:** Os Mandamentos de Deus são leis que nos conduzem para o verdadeiro amor e a conquista da vida eterna. Quando perguntaram a Jesus: "Que devo fazer para ter a vida eterna?", Ele respondeu: "Se queres entrar para a vida, guarda os Mandamentos" (Mt 19,16-17).

**Todos:** *Dá-nos, Senhor, a tua graça, porque sabemos que somente por meio dela é possível viver segundo a tua vontade e sermos fiéis à Escritura.*

**Catequizando 2:** Recebamos a Bíblia, Palavra de Deus, cantando (Canto à escolha).

✱ Leiamos Ex 20,1-17.

**Catequizando 3:** Deus, nosso Pai, obrigado por nos revelar a tua vontade. Os Dez Mandamentos nos mostram a maneira de viver conforme o teu desejo.

**Catequizando 4:** O primeiro Mandamento – Amar a Deus sobre todas as coisas – nos convida a crer em Deus e a amá-lo acima de tudo. Senhor, ensina-nos a colocar-te em primeiro lugar em nossa vida.

**Todos**: *Dá-nos, Senhor, a tua graça, para que possamos viver sempre segundo a tua vontade, amando-o sempre, acima de tudo.*

**Catequizando 5:** Não tomar seu Santo Nome em vão! O segundo Mandamento da Lei de Deus nos diz que devemos respeitar o Nome do Senhor.

**Todos:** *Dá-nos, Senhor, a tua graça, para que possamos viver sempre segundo a tua vontade, bendizendo, louvando e glorificando teu Santo Nome.*

**Catequizando 6:** Guardar domingos e festas! O terceiro Mandamento nos ensina que devemos dedicar nosso tempo a Deus. Domingo é dia de ir à igreja agradecer por todas as coisas que aconteceram durante a semana. É dia de fazer o nosso encontro com o Senhor.

**Todos:** *Dá-nos, Senhor, a tua graça, para que possamos viver sempre segundo a tua vontade, participando da missa, agradecendo por termos um dia especial para encontrar-te.*

**Catequizando 7:** O quarto Mandamento da Lei de Deus nos ensina a honrar pai e mãe. Faz parte do Plano de Deus que em todos os lares os filhos respeitem e amem seus pais.

**Todos:** *Dá-nos, Senhor, a tua graça, para que possamos viver sempre segundo a tua vontade, cumprindo o teu plano de amor. Que em todos os lares haja harmonia, confiança e respeito.*

**Catequizando 8:** O quinto Mandamento – Não matarás – nos fala que devemos sempre defender a vida, o presente mais precioso que Deus nos deu.

**Todos:** *Dá-nos, Senhor, a tua graça, para que possamos viver sempre segundo a tua vontade, cuidando da saúde, evitando a violência, zelando pela verdade e pela justiça e garantindo os direitos e deveres das pessoas.*

**Catequizando 9:** No sexto Mandamento – Não cometer adultério – Deus nos pede para sermos fiéis, pois a base dos relacionamentos é o amor e a fidelidade.

**Todos:** *Dá-nos, Senhor, a tua graça, para que possamos viver sempre segundo a tua vontade, vivendo no amor – vocação fundamental e originária do ser humano – e na fidelidade.*

**Catequizando 10:** O sétimo Mandamento diz: Não furtarás. Este Mandamento nos fala que toda forma de apropriação e uso injusto dos bens dos outros não é correta.

**Todos:** *Dá-nos, Senhor, tua graça, para que possamos viver sempre segundo a tua vontade, respeitando e conservando o que é para todos e aprendendo a viver com o que possuímos.*

**Catequizando 11**: Não levantar falso testemunho – o oitavo Mandamento – nos explica que o relacionamento entre as pessoas sempre deve ter como base a verdade.

**Todos:** *Dá-nos, Senhor, a tua graça, para que possamos viver sempre segundo a tua vontade falando a verdade, respeitando as pessoas e assim conseguirmos muitos amigos.*

**Catequizando 12:** O nono Mandamento nos diz para não cobiçar as coisas que pertencem ao seu próximo, guardando assim a pureza nos pensamentos e nos desejos que nos permite ver as coisas segundo o olhar de Deus.

**Todos:** *Dá-nos, Senhor, a tua graça, para que possamos viver sempre segundo a tua vontade por meio do respeito mútuo, do uso de palavras que ajudam a valorizar as pessoas, do cuidado de nosso corpo e do corpo das outras pessoas.*

**Catequizando 13:** O décimo Mandamento da Lei de Deus nos ensina a não cobiçar as coisas alheias, não querer para nós o que é do outro.

**Todos:** *Dá-nos, Senhor, a tua graça para que possamos viver sempre segundo a tua vontade, alegrando-nos com as conquistas e felicidade das pessoas próximas de nós, excluindo do nosso coração a inveja.*

**Catequista:** Peçamos a Deus que nosso coração seja sempre cheio de bons sentimentos. Que nos ajude a cumprir os seus Mandamentos para que, assim, possamos viver em um mundo melhor e mais feliz.

**Todos:** *Deus, nosso Pai, sabemos que teus Mandamentos nos mostram o caminho da felicidade. Ajuda-nos a viver os Mandamentos a cada dia de nossa vida. Sabemos que sem a tua graça os Mandamentos podem ser esquecidos. Por isso queremos sempre permanecer no teu amor, agora e para sempre. Amém*

**Canto:** à escolha.

# ORAÇÕES

## Pai-nosso

Pai nosso que estais nos céus, santificado seja o vosso nome, venha a nós o vosso reino, seja feita a vossa vontade, assim na terra como no céu. O pão nosso de cada dia nos dai hoje, perdoai-nos as nossas ofensas, assim como nós perdoamos a quem nos tem ofendido, e não nos deixeis cair em tentação, mas livrai-nos do mal. Amém.

## Ave-Maria

Ave Maria, cheia de graça, o Senhor é convosco, bendita sois vós entre as mulheres, e bendito é o fruto do vosso ventre, Jesus. Santa Maria, mãe de Deus, rogai por nós pecadores, agora e na hora de nossa morte. Amém.

## Profissão de fé – Credo

Creio em Deus Pai todo-poderoso, criador do céu e da terra; e em Jesus Cristo, seu único Filho, Nosso Senhor; que foi concebido pelo poder do Espírito Santo; nasceu da Virgem Maria, padeceu sob Pôncio Pilatos, foi crucificado, morto e sepultado; desceu à mansão dos mortos; ressuscitou ao terceiro dia; subiu aos céus; está sentado à direita de Deus Pai todo-poderoso, donde há de vir a julgar os vivos e os mortos. Creio no Espírito Santo, na santa Igreja Católica, na comunhão dos santos, na remissão dos pecados, na ressurreição da carne, na vida eterna. Amém.

## Glória-ao-Pai

Glória ao Pai, ao Filho e ao Espírito Santo. Assim como era no princípio, agora e sempre. Amém.

## Salve-Rainha

Salve Rainha, mãe de misericórdia, vida, doçura e esperança nossa, salve! A vós bradamos os degredados filhos de Eva. A vós suspiramos, gemendo e chorando neste vale de lágrimas. Eia, pois, advogada nossa, esses vossos olhos misericordiosos a nós volvei, e depois deste desterro mostrai-nos Jesus, bendito fruto de vosso ventre. Ó clemente! Ó piedosa! Ó doce sempre Virgem Maria.

V. Rogai por nós, Santa Mãe de Deus.

R. Para que sejamos dignos das promessas de Cristo.

## Santo-anjo-do-Senhor

Santo anjo do Senhor, meu zeloso guardador. Se a ti me confiou a piedade divina, sempre me rege, me guarda, me governa, me ilumina. Amém.

## Ato de contrição

Meu Deus, eu me arrependo de todo o coração de vos ter ofendido, porque sois tão bom e amável. Prometo, com a vossa graça, esforçar-me para ser bom. Meu Jesus, misericórdia!

# ANEXO: RITO DE INSTITUIÇÃO DO CATECUMENATO E ENTREGA DA PALAVRA

*(Depois de ter feito o levantamento de quem irá fazer a caminhada de iniciação cristã, os catequistas estando preparados e feito o primeiro contato, marca-se a celebração de abertura do catecumenato).*

**1) Rito de entrada**: Acolhida fora da Igreja, cantos apropriados, diálogo (perguntando: Qual o teu nome? O que pedis à Igreja de Deus?)

**Primeira adesão:** A vida eterna consiste em conhecerdes o verdadeiro Deus e Jesus Cristo, que Ele enviou. Ressuscitado dos mortos, foi constituído por Deus Senhor da vida e de todas as coisas, tanto visíveis como invisíveis. Se quereis ser discípulos seus e membros da Igreja é preciso que sejais instruídos em toda a verdade revelada por Ele; que aprendais a ter os mesmos sentimentos de Jesus Cristo e procureis viver segundo os preceitos do Evangelho; e, portanto, que ameis o Senhor Deus e o próximo como Cristo  nos mandou fazer, dando-nos o exemplo. Cada um de vós está de acordo com tudo isso?

**Fala aos introdutores e demais presentes:** Vós, introdutores, que nos apresentais agora esses candidatos, e vós, nossos irmãos aqui presentes, estais dispostos a ajudá-los a encontrar e seguir Jesus Cristo?

**Oração:** *Pai de bondade, nós vos agradecemos porque estes vossos servos, que de muitos modos inspirastes e atraístes, vos procuraram e responderam em nossa presença ao chamado que hoje lhes dirigistes. Por isso, Senhor, nós vos louvamos e bendizemos.*

**Assinalação com a cruz na fronte do candidato**: (N...,) recebe na fronte o sinal da cruz: o próprio Cristo te protege com o sinal de seu amor. Aprende a conhecê-lo e segui-lo. (O rito apresenta a possibilidade do sinal da cruz nos olhos, ouvido, boca, nos ombros, no peito e sobre todo o corpo).

**Oração:** *Ouvi, ó Deus, as nossas preces e guardai, pelo poder da cruz do Senhor, estes catecúmenos (N...), marcados com o sinal desta cruz, para que, conservando as primícias de vossa graça, alcancem sua plenitude no Batismo pela observância de vossos Mandamentos, P.N.S.J.C., vosso Filho, na unidade do Espírito Santo. Amém.*

**2) Liturgia da Palavra:** entrada na Igreja com canto apropriado.

**Entrega da Bíblia:** Irmãos e irmãs caríssimos, vocês já sabem que, na sua grande bondade, de muitos modos Deus falou aos seus filhos, a nós que dele recebemos o chamado à vida nova. Ele nos falou, de modo especial, por meio de seu Filho Jesus, Palavra do Pai, que existe desde a eternidade, por meio da qual tudo foi criado. Esta Palavra, que sempre acompanhou de perto a caminhada do Povo de Deus, veio morar entre nós. Ela é lâmpada para os nossos passos, semente incorruptível, espada de dois gumes. Hoje lhes entregamos este Livro Santo, que contém a Palavra da nossa salvação. Procurem recebê-la em seus corações, deixando que transforme suas vidas. De fato, toda Escritura é útil a fim de que cada um seja perfeito, preparado por toda boa obra. Deixem, portanto, que a Palavra de Deus ilumine e sustente suas vidas, hoje e sempre.

**Todos:** *A Palavra de Deus ilumine nossa vida para sempre!*

*(O celebrante – ou o catequista – entrega a cada um o Evangelho ou a Bíblia. Recebendo o Livro Sagrado cada qual o beija com carinho. Enquanto isso pode-se entoar um canto).*

**Proclamação da Palavra** (Gn 12,1-4; Sl 33(34); Jo 1,35-42) e homilia.

**Preces:** Roguemos pelos nossos irmãos catecúmenos que já fizeram um longo percurso, gratos pela bondade de Deus que os conduziu a este dia, a fim de poderem percorrer o grande caminho que ainda falta até participarem plenamente de nossa vida.

1. Para que o Pai que está no céu lhes revele cada dia mais o seu Cristo, rezemos: ...
2. Para que, generosos e disponíveis, aceitem em tudo a vontade de Deus, rezemos: ....
3. Para que sejam sustentados em seu caminho por nosso auxílio sincero e constante, rezemos: ....
4. Para que encontrem a nossa comunidade unida de coração e transbordante de caridade, rezemos: ...
5. Para que oportunamente sejam considerados dignos da fonte do novo nascimento e da renovação do Espírito Santo, rezemos: .....

**Oração conclusiva:** *Deus eterno e onipotente, que sois o Pai de todos, e criastes o homem à vossa imagem, acolhei com amor estes caros irmãos e concedei-lhes, renovados pela força da Palavra de Cristo, que ouviram em nosso meio, chegar pela vossa graça à plena conformidade dom Ele. P.N.S.J.C., vosso Filho, na unidade do Espírito Santo. **Amém.***

**Despedida dos catecúmenos:** Caros catecúmenos, ide em paz e o Senhor permaneça convosco.

**Todos:** *Demos graças a Deus.*

(Pode continuar com a Santa Missa, com ou sem a presença dos catecúmenos).

# REFERÊNCIAS

*Bíblia sagrada* – Edição da família. 45. ed. rev. Petrópolis: Vozes, 2001.

*Catecismo da Igreja Católica*. 8. ed. Petrópolis/São Paulo: Vozes/Paulinas/ Loyola/Ave Maria, 1998.

CELAM. *Documento de Aparecida*. 5. ed. Brasília/São Paulo: CNBB/ Paulinas/Paulus, 2008.

FONSATTI, J.C. *Introdução aos evangelhos*. Petrópolis: Vozes, 2004.

_____. *O Pentateuco*. Petrópolis: Vozes, 2002.

MOSER, A. & BIERNASKI, A. *Ser catequista:* vocação, encontro e missão. Petrópolis: Vozes, 2000.

PULGA, R. *Beabá da Bíblia*. 2. ed. São Paulo: Paulinas, 1995.

Conecte-se conosco:

facebook.com/editoravozes

@editoravozes

@editora_vozes

youtube.com/editoravozes

+55 24 2233-9033

## www.vozes.com.br

Conheça nossas lojas:

www.livrariavozes.com.br

Belo Horizonte – Brasília – Campinas – Cuiabá – Curitiba
Fortaleza – Juiz de Fora – Petrópolis – Recife – São Paulo

 EDITORA VOZES

 VOZES NOBILIS

Vozes de Bolso

 Vozes Acadêmica

**EDITORA VOZES LTDA.**
Rua Frei Luís, 100 – Centro – Cep 25689-900 – Petrópolis, RJ
Tel.: (24) 2233-9000 – E-mail: vendas@vozes.com.br